빨간 해바라기의 꿈

리토피아포에지 · 125
빨간 해바라기의 꿈

인쇄 2021. 12. 25 발행 2021. 12. 28
지은이 김순찬 펴낸이 정기옥
펴낸곳 리토피아
출판등록 2006. 6. 15. 제2006-12호
주소 21315 인천시 부평구 평천로255번길 13, 부평테크노파크M2 903호
전화 032-883-5356 전송032-891-5356
홈페이지 www.litopia21.com 전자우편 litopia999@naver.com

ISBN-978-89-6412-157-3 03810

값 9,000원

* 이 시집은 2021년 인천형 예술인 지원사업에 선정되어 제작되었습니다.

김순찬 시집

빨간 해바라기의 꿈

LITERATURE & UTOPIA

시인의 말

트레킹은 늘 시작詩作의 발원지입니다.
여정 중의 계곡에서 만난
이름 없는 들꽃, 유적지 부근 돌맹이, 공원의 죽은 잎새,
모두가 소중한 언어와 리듬과 이미지입니다.
그간 지나쳐 간 시간들이 반복적으로
번민과 성숙을 독려합니다.
오늘도 이정표 없는 길을 나서면서,
여로의 숙명과 묵상에 조용히 순응할 뿐입니다

2021년 가을
김 순 찬

차례

제2부 해넘이 다리

제3부 사랑하는 사람에게

제4부 고향집 가는 길

| 제1부 |

비상의 꿈

그늘에 핀 맥문동꽃

늘 그늘에 서서 있었다
양지쪽에는 발을 내밀지 않았다
키 큰 나무 밑에만 있어 눈에 띄지 않았다
나무인가 잔디인가
봄과 여름철의 많은 꽃들이
떠들썩한 향연을 치르고 난 후
남들이 잔치를 치르고 난 초가을에
홀로 꽃을 피운다
무슨 한恨을 이루고 싶은지
가슴 아련한 진보랏빛 고개를
하늘을 향해서 세운다

강화도를 가면

서해바다의 전망이 한눈에 펼쳐진
구름 한 점 없이 맑은 하늘에 잠겨 있는
마니산 동쪽 기슭
함허동천涵虛洞天에서 함허대사 글씨를 만나고
해넘이를 보러 장화리로 간다

지평선 어디에서 오는가
검은 주걱 저어새
무슨 인연으로 해마다 오는가
바다를 바라보다
나무수국이 가득한 스페인 마을로 간다

아로니아 푸른 열매 가득 찬 울타리 사이로
동키호테 철제 동상이
아무도 관심 없는 정치 마당에서처럼
세상을 피곤하게 호통치고 있다

이제는 고개를 돌려

마니산으로 오르는 길목
고승이 머물렀던 삼백 살의 느티나무 숲
아직도 길손을 맞으며
잠시 걸음을 멈추고
가득한 세상 먼지를 털어내고 있다

연꽃의 기다림

햇볕을 바라보며 한눈을 팔지 않는다
늘씬한 키 널따란 가슴
세상의 걱정은 다 받아들일 넓은 잎들이
하늘을 향해 무수히 벌리고 있다

흙탕물에 뿌리내리며 살고 있다
연분홍 하얀 꽃
무덥고 한가한 팔월 여름날이면
얼굴을 내민다

하늘하늘 허리 흔들리는 큰 누님같이
넓은 녹색 잎에 올라 앉은 연꽃송이
연두색 꽃수술 방석 위에 올라
꽃이 지면 연자육이 아물도록
그때를 묵묵히 기다린다

부처와 같은 마음에 씨앗을 심어
올망졸망 자식을 길러내곤

검은 노파의 얼굴로 남겨지는 기다림
그 연숲 그늘에 외출 나온
엄마 오리가 아기들을 줄세워 햇볕을 쬐며
눈감고 누워 있다

빨간 해바라기의 꿈·1

노란 해바라기밭 가장자리에
검고 붉은 해바라기 가족이
조그마한 셋방을 들었다
검붉은 이방인

그래도 사랑하는 당신만을 바라보며
그저 말없이 기다리며 따라가서
당신을 향해서 꽃을 피웁니다
당신이 보기만 하면
무더운 여름 낮동안이라도
오랜 눈맞춤만으로도 행복합니다

밤이 되면 힘든 고개를
동쪽으로 얼굴을 숙입니다
길고 긴 팔월의 끝날에
님이 계신 남쪽 하늘만 바라보며
빛나는 얼굴을 감추어 버리고

애타게 그리다 얼굴마저
까맣게 타버렸습니다

빨간 해바라기의 꿈·2

부모를 알 수 없이 태어난 사생아 같아서
멀리서 바라봅니다
말없이 바라봅니다
그를 향해서 머리를 숙이고
그리고 사랑합니다

이루지 못한 한으로 새겨진
검붉은 얼굴과 몸통
어쩔 수 없이 세월의 파도에
결국 땅에 거꾸러져 버리고 마는 모습

우아한 자태도 무너지고
황금빛 광채도 없어지고
사랑했으니 이제 잊어버리라고 한다
눈맞춤도 잊으라고 한다

빨간 해바라기의 꿈·3

화려한 색깔의 우아한 자태가
이제는 온데간데없다
검게 탄 얼굴
모가지가 부러져
하늘과 태양을 바라보지도 못하고
검게 변한 꽃테두리와 가지도
허리가 굽어 비틀어져 있다
그러나 해바라기는
하늘을 향한 비상飛上의 꿈을
단단한 씨앗으로 남긴다

십리포의 소사나무숲

십리포 해변 길
영흥 선착장에서 십리 길
이백 년 넘은 소사나무 숲
고려 왕족의 피난처로
땅을 고르고 고기잡이를 하고
짐승을 기르며 정착한 군락지

먼바다 끝에서 밀물이 몰려오고
크고 작은 섬들이 앞을 호위하고 있다
장경리까지 이어진 자잘한 봉우리
바위산 암벽에 소사나무가 붉게 물들고
흰 줄무늬로 뿌리를 내렸다

노오란 국화 한 다발
바위틈에 꽃꽃이 장식이 되어
조개 무덤도 하얀 눈밭처럼
보이는 바닷가
오늘은 갈매기와 함께 걷는다

호박

뜨거운 한여름
알몸을 드러내놓고
비스듬히 잎사귀에 숨어 있다
주먹 만한 씨호박
하룻밤 사이에 궁둥이가
어른 만하게 자랐다

형님은 농사지으며
갈 때마다 단골 선물로 주시는데
호박은
호박전으로
호박국으로 변신한다

꽃무릇이 된 사람

서투르지만 순수했던 시절
젊은 모습만을 남긴 채
약속 없이 헤어진 사람
낙엽이 다 지는 늦가을이 되면
겨울 눈바람이 불면
가만히 생각나서 기다려지는 사람

그래서 가슴에 남겨둔
치유되지 않는 증세
가슴앓이가 된 만성 계절병을 앓는다

연약한 꽃잎이 한없이 기다리다가
어느덧 시들어 찾을 길 없이 사라지고
찬바람이 깊어지는 초겨울 입구에
뒤늦게 나타나는 푸른 잎
전혀 다른 존재처럼 무심하게 된 사람

외로운 꽃들이 모여 있는

소래 꽃무릇 조성 길에서

그 사람을 만났다

자연인

늘씬한 몸매는 아니지만
깔끔한 신뢰가 있었다

예능의 기교는 없었으나
늘 일상 속에 멜로디가 있었다

시간과 행동의 여유가 있는 듯 보였으나
겸손한 절제가 있었다

그리고 코스모스와 낙엽과 계곡 숲을
유난히 사랑하는 자연 속의 사람이었다

구름의 행패

먹구름이 하늘을 가득 점령했다
하얀 토끼가 나왔다
꼬리가 선명하다
눈도 보인다

하늘 아래 단풍나무와 풀밭과
물레방아 위로
깡충 뛸 자세를 취하는 구름

억센 곰도 달린다
뒤에는 무서운 살쾡이가 달린다
사슴 새끼가 물에 빠져 허우적댄다

구름 세상은 순간적이다
조금 전까지의 찬란함이 어디로 갔는지
금빛이 나는 태양은 도망쳐 어딜 갔나

칡넝쿨의 기다림·1

큰 도로 앞 높은 방음벽에
무성한 칡넝쿨이 걸터앉아 바라본다
펜스 안쪽 세상이 답답한가
도로 밖 세상이 보고 싶은가
경적소리에 귀가 시끄럽고
매연으로 찌들리는
도로 양끝을 무심하게 본다
이제 입동立冬이 지났으니
찬바람이 불면 무성했던 잎들도
찬바람에 쫓겨날 텐데
세상 마지막 날이 올 줄을 알고
마지막 보고픈 사람을
행여나 기다리는지
걸터앉아 흔들리며 바라본다

칡넝쿨의 기다림·2

더 잘 보이나
더 멀리까지 보이나
아득히 높다란 전선주
꼭대기에까지 올랐다

높이 오를수록
위대해 보여서일까
앙상한 전주 뼈대에
푸른색 옷 입혀
의젓해 보여서일까

세찬 바람이 불면
추락할 걸 생각 못하나
기다리는 옛사람을
이제는 잊을 때가 되었는데
왜 잊지 못하는 걸까

연잎을 그리워하며

폭포같이 퍼붓는 눈물을
조금이라도
담아 줄 연잎의 가슴을
그리워한다

그는 잠시 마음이 쉬어가는
영혼의 쉼터
넓고 든든한 가슴에
담아낸 분노와 절망과 고독을 받아 준다

바람이 불면 아무 미련 없이
쏟아버린다

그리곤 또다시 가슴을 열고
다른 이들의 눈물을 받아 준다

수많은 이들의 슬픔과 외로움의
눈물을 받아 주는

너는 얼마나 따뜻하고
넓은 가슴이더냐

| 제2부 |

해넘이 다리

소래 염전 풍경·1

힘차게 바닷물을 퍼올리던
수차水車도 이제 숨을 멈추었다
소금 포대를 쌓아 배터로 가던
가시렁 동차도 길을 잃었다

누더기를 걸친 소금 창고는
빗물이 스며들고
찬바람에 떨고 있고

갯골 수로로 바다 밀물이
잊지 않고 하루에 한 번씩
문안 오는데
마중 나오는 이가 없다

소래 염전 풍경·2

무성한 갈대들의 숲
넓은 바닥마다
염부鹽夫의 땀이 얼룩져
소금꽃으로 피어나고 있다
창백한 하늘에 기러기 떼
겨울 이사 집을 둘러보는데
멀리서 괴물 같은 아파트 무리가
서서히 습지 뻘밭으로
점점 가까이 다가온다
더 이상 피할 곳 없다
이젠 갈대잎들만 파르르 떨며
어둠 속에서 바람을
걱정스레 지켜보고 있다

반월호수 풍경

파란 하늘에 가득찬 벚꽃
호수 주변 갯버들이
첫걸음하는 아기처럼 휘청거리고

빨간풍차 앞
연인의 포옹도 풍경이 되어
병아리꽃과 유치원생처럼
나란히 줄을 서며 있다

튤립도 의젓하게
빨간 우체통 앞에서 상춘객을 맞는다
호수 둘레길을 메운
사람들 틈에 봄바람이 서 있다

태을봉과 슬기봉 절벽은
구름 속에 서서
호수에 빠진 붉은 해를 바라만 본다

청계산 누리길 풍경

흰나비, 붉은나비, 검은나비가
주변에서 떠나지 않는 청정 세상
계곡물에 손발 담그니
여름날이 사라지네

바위 밑 계곡물에서는
사진 찍고 튜브 타고 송사리 잡고
할아버지와 손자가 물놀이하는 한낮

커다란 소나무 밑 바위벽엔
이끼 벽화가 전시된다
고사리도 떼를 지어 풍경화를 만든다

과천호수 둘레길

양떼들이 한가하게 풀을 뜯고 있다
큰 태극기를 들고
두 노인이 올라오고 있다

중년 주부들이 간식을 즐긴다
가족들이 바위에 앉아 식사 모임이 한창이다
벚꽃이 하늘을 화려하게 장식하고
구름은 마을 길을 따라 수묵화를 그린다

관악산으로 둘러싸인 과천 호숫가는
새와 동물과 사람과 봄꽃의 낙원이다
벚꽃 가지와 어울려
물가에 하얀새 한 마리 두리번거리는 길이다

연천 재인폭포

돌벽체의 터치
세밀한 붓자국은 무얼 그리고 있나
세세한 역사 이야기가
수억 년을 기록하고 있다

아찔한 절벽 위
돌틈으로 맑은 물이 흐른다
마을 원님의 속임수로
광대가 줄을 타다 죽은 곳
아내의 복수로 정절을 지킨
사랑의 전설

수억 년 만들어진 돌을 쓰다듬으며
한탄강의 품으로 간다
암석의 계곡을 이은 아찔한 출렁다리
온 세상이 흔들려도
폭포 물줄기는 꼿꼿하기만 하다

탑정호 출렁다리

잔잔한 호수에 철새들이 재잘거린다
딸기향으로 뒤덮인 논산 탑정호수
탑정호 수변 생태공원 들머리

사계절 꽃피는 정원에서는
가족들 연인들 아이들
무서워 손을 잡는지
감동으로 손을 잡는지

육백 미터 출렁다리 난간에서 세상을 본다
나지막한 산, 시골 마을
다리 바닥 그물 밑은 물결무늬 천 길 호수
수만 길 높은 뭉게구름 뒤엔 하늘

다리 힘을 보강해 주는
거미줄 같은 보조선과 철선이 모여
호수를 건너는 지겟다리가 되어
소나무와 함께 물 위를 걷는다

삼악산 케이블카

하늘은 온통 구름 범벅
심상치 않은 얼굴인데
삼악산 용화봉 주위
겹겹한 산맥 줄기가
명도가 다르게 흩어진다
갈래갈래 퍼지는 의암호반의 자취
흐름의 정취가 그윽하다
길고 긴 호수를 따라 기암괴석이 열병식을 하고
둥실 떠다니는 케이블카가
하늘을 노닌다
사람들의 세상을 내려다보며
하늘 가까이 서려는 마음을 헤아리며
대자연 위에 서서
하늘을 걸어다닌다

해넘이 다리

배곧 마을과 논현 마을 사이
갯골 바닷길에 떠있는 다리
고층아파트 숲으로 난 길
해변가를 수놓은 노오란 금계국
해안길을 따라 마을을
노오란 황금으로 도색하고
다리는 바다 건너
마을과 마을을 잇는다
해가 넘어가는 길이 있는 다리

종로 부암동 백사실 계곡 가는 길

북악산 기슭 주택가 전신주에
'백사실 계곡' 입구라는
조그만 표지가 걸려 있다

골목길을 돌고 돌아 경사가 가파른 언덕길
다닥다닥 제각각인 단독주택을 지나
내리막길 주택 담장에 비스듬히
나이가 지긋한 소나무가
기다리는 길

보이지 않고 숨겨진 계곡
조선시대 이항복의 별장지
그의 호인 '백사'에 유래하여
백석동천이라고 바위에 새겨진 계곡

말년 북청까지
천리 유배길에서의 시조
'철령 높은 재에 자고 가는 저 구름이' 보이는 듯

바위 암석으로 된 사찰 앞마당은
낙엽과 계곡물이 가득한데
일급수에만 산다는 두 눈 튀어나온 도룡뇽
이끼가 가득찬 푸른 계곡을 거닌다

아직도 비밀의 정원으로 남은
가을 낙엽만 기다리는 길

신진도 나래교

갈매기 날개를 닮았다
아치의 곡선
탁 트인 태안 바다와 안흥항을
한눈에 담아
바다 위를 걷는다
구불구불 곡선
동그라미 투성이
어지럽다
아찔하다
거미줄 같은 줄로 매어놓은
섬세한 아름다움

강촌 여행 · 1

—김유정 문학관

정겨운 길과 산야山野
북한강 줄기
가을 단풍으로 장식된 영화 촬영 명소 강촌
만세를 불렀다
셀카를 누른다
빠알간 화살나무를 붙들고
사연을 나눈다
김유정 생가의 가마솥을 열어 보고
단편소설의 마지막 장면에도 끼어 본다
부뚜막과 크고 작은 항아리
사기 주발과 시루, 낡은 목재 장
부엌살림이 정갈하다
초가지붕 밑 암탉이 알 낳는 주머니에
손을 넣어 본다
문학관 동상 옆에 앉아 느낌을 살려 본다
소설 속에 나오는 고향마을
실레이야기길을 걸어 본다

강촌 여행·2
—레일바이크

널따란 논두렁에 세워진 볏집단의 의젓한 모습들
그루터기가 가지런히 잔물결을 일으킨다
이미 가을 잎으로
엉성한 바위틈 옆으로
철길은 아득하다

철길 옆으로 억새가 무성하다
레일바이크는 장면을 바꾸며 달려간다
빨려들어가는 동굴에는
불빛 속의 바람개비
청색 테두리 속 아득한 동화나라

바이크는 노란 낙엽이 쌓인 레일 위를
달려간다
멀리 북한강 물이 산맥을 휘감고
강물 위에서는 파르르 떠는 잎새가
가을을 보내고 있다

남한산성 탑공원

돌로 된 장승들이 무섭지 않게 서 있다
안내소 같은 돌로 된 탑 모양
묘지에서 본 듯한 해태상
전통의 코끼리 상과 승려
애무하는 남녀의 돌 조각
사자 토끼 용의 얼굴 모양 입상이 도열하고
한복 차림의 여인상
무수한 돌멩이로 쌓아올린 탑이
여기저기 언덕을 채우고 있다
오줌싸는 아동들도 있고
산 모양의 돌기둥 상이 바위 위에 올라 있다
칼을 찬 장군상
바람이 불면 쓰러질 듯한 돌탑들
부엉이 세 마리도 돌이 되어
산성山城을 지키고 있다

마장 흔들다리

호수 주위 녹색 숲
호수는 정오인데도 푸른 잠에 빠져 있다
사람들도 호수를 따라 흔들리고 싶어서
둘레길에 가득하다
길가 푸른 나무 사이로
마을이 소꿉놀이하는 장난감이 되고
호수를 가로지르는 기다란 다리도
서커스 다리인가
사람들이 매달린 거미줄인가
흔들흔들흔들
다리에 가득한 사람들
무엇을 보고 있나
무슨 생각을 하고 있나
어떤 기분일까
산중턱 송전탑만 지켜보고 있다

| 제3부 |

사랑하는 사람에게

개미허리의 갈매기

서해바다를 향해 선
다이아몬드 반지 속을 보면
둥근 외눈박이로 보는 바다 세상

손바닥 만한 구름이
천국에서 내려온 손잡이가 되어
손을 내민다

바로 옆 빨간 등대는
누구를 길 안내하는가
바람을 맞으며 서 있고

먼 바다로 떠난 선원 할아비를
잊지 못한 할머니 망부석

갈매기들이 동그란 눈으로
할머니의 눈을 쳐다본다

풍수원 가마터

초라한 시골 동네 횡성 성지 마을
한국인이 지은 성당
앞뜰 메마른 풀뿌리 속에서
보랏빛 제비꽃이 얼굴을 내미네

가마터엔 손때 묻은 나무 농기구
항아리 돌탑 큰 맷돌 시루 함지박

성당 앞 도둑머리 큰고개 넘어
강릉 가는 길
말이 쉬어간다는 정거장
늘 물이 많이 흐른다는 풍수원豐水院

경기도에서 강원도로 넘어가는 경계
풍수원 가마터에서
믿음을 구워 집을 만들었다

붉은 단풍잎을 닮은 성당 외벽

단조롭고 정갈하며 고풍스런 성당
박해 받던 시절 피신한 은둔 처소

프랑스 신부 사제가 가마에서
손수 구운 벽돌로
차곡차곡 신앙을 쌓았더란다

포천 교동 가마소

철광석으로 도금한 맑은 계곡
오랜 옛적 돌틈으로 마그마가
숨어들어 와
날카로운 바위가 격에 맞지 않게
보석의 흉내를 내고 있다

검푸르고 단단한 티타늄 광석으로
감싸안은 계곡
가을 장마가 내린 후에
아무렇게나 뿌린 흰구름 수채화
여기저기 그려지는 골짜기

이름 모를 야생초와 아카시아 잎새 사이로
중년 여인의 향수가 풍겨 나오고
맑은 하늘이 더 에메랄드 보석같이
맑은 계곡 속을 밝히고 있다

여주 풍운원에서

새털구름 고속도로 하늘이
우릴 맞고 있네
고풍스런 기와집의 돌대문
노송이 고관댁 현관에서 손님을 맞는다

들어서기 무섭게 마당을 가득 채운
온갖 풍상의 돌로 된 산물들
누군가엔 귀중한 물건이었거니
항아리 같은 그릇, 크고 작은 석탑,
이름 없는 시비詩碑

들어가는 입구 돌간판 風·雲·苑
어디에서인가 보았던 안중근의 '大韓國人'
그럴 듯하다
세상의 물건이 다 있다
쓰레기장으로도 보이는
비어 있는 공간이 정말 필요한 곳
여기에 나를 버린다

중랑천이 바뀌다

얼마나 많은 사람들의 땀이 배어 있을까
공장촌의 더러운 물이 연상되는 이곳에
축제가 열린다고
그것도 봄날 장미로 잔치를 베푼다고

아무리 깨끗하게 정화가 되었다 해도
우리의 머릿속은 지워지지 않는다
그런 세월을 살아왔던 중랑천

하지만 오늘 하천에서는
낚시꾼들이 드리우는 낚싯대에 매달려
잉어가 올라오고

하이얀 장미가 순수하게 서 있다
노오란 장미가 웃는다
분홍색 그리고 빠알간 장미 꽃잎이 가득하다

아직도 어두운 고가와 빌딩 밑

지워지지 않는 기름기가 가득한 구정물
지워낼 수가 없는데

넝쿨장미가 터널을 만들고
시원한 그늘로 사람들을 유혹한다
학교 앞길에 걸린 '서울 로즈 페스티발'

중랑천 색깔이 더욱 파랗게 보이는
플래카드가 신기하다
노오란 유채꽃 넓은 들판도 따뜻해 보이고

분수들이 마음을 간지럽힌다
내겐 아직 믿음이 적고
선입견이 있지만

구절초의 하이얀 모습이 깨끗해 보이는
중랑천 그리고 안양천변은
장미의 세상이 되었다

매미의 외침

헐떡이며 오르는 힘든 길
위험한 내리막 급경사 길
자전거는 달린다
졸졸 흐르는 계곡물을 따라 달린다

아직도 시끄러운 매미의 고함소리
관중 없는 산중에서
마지막 여름 시위는 계속되고 있다

무엇이 불만인가
어떤 것이 억울하고 불공정한가
아직도 진부한 인권과 부정을
과거의 잘못된 정치 독선을
아직도 탓하고 있나

주변 소나무도 갈라진
등줄기를 보이고
듣지 않는다

크고 작은 바위가 줄지어 서서
시위에 찬동하고
묵묵히 소나무숲이 연좌 농성을 벌인다

평창 청옥산 육백마지기

올라가는 길목마다
아득한 야생화 언덕 평야
구절초의 눈이 내린 듯
깜찍한 하얀 교회당은 차라리 앙징스럽다
산등성이 건너 풍차는
겹겹한 산 너머 구름과 하늘 가까이에 앉아 있다
산 중턱 흰구름이 산을 따라 하늘로 오르고
구름은 바다를 이룬다
그 위 하늘은 더 푸른 호수가 되고

성긴 억새가 한가하게 흔들린다
산정에서 보이는 고지는 산인지 평야인지
계곡물은 차가운 호수 속에 떠있고
이름 없는 형상의 바위와 동굴
산세는 육중하나 평탄한 들
청옥나물이 자라는 곳
옹기종기 모여 있는 흰 구절초 사이로

땅채송화가 자리잡고 있는 언덕
엉겅퀴만 무섭게 하늘을 노려보고 있다

가난한 늙은 시인의 기도

노년의 시인은 가난하다
재산도 명예도 모두 지난 이야기이다
오로지 남은 것은
부끄럽고 못난 추억과 한恨뿐이다

뒤늦게 시작한 시와 영상 작업
이것도 하나님으로 받은 은혜
감격과 경건과 소망의 시어를 쓰자
생명을 살리고 용기를 일으키는
시를 쓰고 영상을 만들자

그분을 향한 영광의 통로를
내게 받은 것으로 되돌려 드리자

동해안의 바위들

옥황상제를 위해
동해안 불영사 계곡의 신약을 구하다
오라비가 높은 절벽에서 추락사하고
사흘 간 통곡 뒤에 누이도 따라 뛰어내려
산신령이 서로 떨어지지 않게
만들었다는 바위
남매가 흘린 붉은 피가 소나무에 묻어
겉과 속이 붉게 되었다는 금강송
그뿐인가
신돌석 장군이 가족을 외적과 전쟁의 화로부터
지키겠다고 손가락을 걸고 서약한 약속 바위
기암괴석이 영겁의 세월과 함께
동해안의 푸른 산맥을 지키고 있다
금강송 바위틈에서
철없는 메꽃이 흔들거려도

무지개 뜨는 초등학교 교정

텅 빈 초등학교 운동장
오후에 무지개가 둥글게 떴다
빨강색 파랑색 도색한 교사校舍를 만들었다
코로나 전염병 때문에
시골 학교 어린이가 잘 보이지 않는다
재잘거리는 아이들의 목소리도 들리지 않고
소나기 온 후 무지개가 떠 있어도
조용하기만 하다

희망이 넘치고 꿈이 자라는 교정이라고
돌비석에 진하게 써 있는 운동장
푸른 밤나무로 뒤덮인 운동장
무화과, 연꽃, 대추나무, 넝쿨장미가
푸르게 푸르게 자라난다

한여름 시끄럽던 개구리의 목마른 외침
무얼 잘못했는지 벌을 서는 매미들
미안~ 미안~ 악을 쓰는데

무지개는 잠시 떠 있다가
하늘 속으로 사라져 버렸다
아이들의 목소리가 들리지 않는 학교

마스크의 명예스런 변명

그것으로 두말없이
자연스럽게 보이는 것이
좋았습니다

한때는 말하기가 부끄러웠습니다
말하기가 싫었습니다
사람 대하는 것이 싫었으니까요

앞니를 뽑았으니
보기가 흉칙하였습니다
발음이 안 됐습니다

시낭송도 못하고
애창곡도 못 불렀고
자상한 대화도 나누지 못했습니다

마스크는 코로나도 막고

정당한 모습으로 기형을 감추어 주는
위장 축복이었습니다

작은 소망으로

매일매일 다니던 동넷길도
전혀 생소해져 버렸던 그날 이후
창가에 비치는 찬란한 햇살 앞에서도
당황할 수밖에 없었다

이제는 한 송이가 피는
조그만 꽃나무 한 그루 키우고 싶다
생각날 때마다 물 한 모금 주고
소리 없는 단어 한마디 나누며
나와 함께하는 생명으로 행복을 누리는

새 한 마리도 기르고 싶다
정이 너무 많은 강아지보다
때로는 한동안 잊어버려도 원망 없는
오랜 친구처럼 다가오는 새를

자꾸만 이렇게
주님께 바라며 중얼거리는

현재의 내 모습

정체가 무엇일까

농부의 감사 기도

힘들었던 재수 시절
청춘의 고통을 거두어 주시니
첫 농토를 허락하심이라
아름답고 힘찬 노동으로 살았는데
그 고마움을 잊어버렸다

그리고 두 번째 농토는
마음을 비워서인지
가벼운 즐거움으로 행복했다
세월이 흐르는 것도 잊었다

오늘의 세 번째 텃밭은
더더욱 가볍다
소출이 작으나 요긴하다
시詩의 씨앗을 심으며
즐거움으로 가득하다

주님께서 내게 허락하신 농토는

이모작 삼모작, 또 몇 모작일지
얼마나 남았을지 모르지만
감사 충만으로 추수한다

꿈꾸며 사랑하는 사람에게

사랑할 줄도 모르고
모두가 그저 좋았던 학창 시절
좋아한다는 말도
엉뚱한 프러포즈라며
소스라치게 놀랐던
철모르던 그때를 잊지 못한다

이야깃거리가 될 게 없었지만
아무 말도 없이
옥수수를 넘겨주며 같이 걸으며
꽃과 계곡과 낙엽을 사랑했던
그때의 추억들
지금도 잊지 못한다

세차게 내리는 빗줄기와 비린내 나는 바다와
떠들썩한 장터에 가서
우연히 트라우마를 가지게 된 사람

그때의 내 기분을

아직도 잊지 못한다

가슴속 깊은 언어

사랑을 알기에는 너무도 철이 없었지요
너무도 오랜 시간이 필요했지요
그저 순종적이고 말이 없어
가슴이 넓은 사람으로만 알았는데
내면의 언어를 읽을 생각을 못했지요

살면서 깊어지는 그녀의 가슴앓이를
너무 늦게 알았지요
그러나 그것을 알게 하신 것이
주님의 은혜라는 걸
깊고도 오묘한 사랑이라는 걸
이 나이에 알게 되었습니다

말을 하지 않는 것이 미덕이 아니라
못했던 것이 한이었습니다
부족함과 서투름과 바라는 것에
내 가슴속을 열어야 한다는 것을

알게 해주신 것이

바로 주님의 말씀이었습니다

| 제4부 |

고향집 가는 길

모락산

정든 고향이 멀리 바라보이는 움막집
망월례에서 매일 절을 했다
후손들도 그 모습을 본받아
바위 제단 사일암에서 제사를 올린다
거북바위도 고향을 바라보려고
오르는 산길
어내 들판과 어내길이 보이는 길
오전천 물길 끝자락에서
충절과 그리움과 기다림의 산을 본다

갈라진 임진강변에서·1

—옥녀봉 정상을 보며

강은 나뉘어도 하늘은 하나
휴전선 아래 처음 길
옛적엔 호랑이가 자주 출몰하던 범바위
해발 이백 미터 옥녀봉에서 북녘 산들과
연천평야와 휴전선, 태풍전망대, 필승교가 보이고
푸른 임진강을 따라 민통선이 시작된다

군자산 한쪽 봉우리에는 남성적인 그리티밍맨이 있고
또 한쪽엔 하늘에서 선녀가 내려와 노닐었다는 옥녀봉
정상에는 머리띠 모양의 석축성이
망루가 되어 사방을 지켜본다

이 땅의 문명이 시작된 후
삼국시대부터 한국전쟁까지
끊임없이 전쟁이 일어난 분단 비극의 현장

발 아래 강줄기 나뉘었어도
하늘은 경계가 없이 하나다

서부 휴전선 아래 평화누리길 시발점에서
미래를 향해 걷는다

갈라진 임진강변에서·2

—그 겨울에서 봄까지

냉랭한 바위 옆에서 뻐꾸기 울음으로
슬며시 봄날을 알린다
우거진 숲에 저녁 해가 저물면
벼랑에 짙은 안개만 자욱하다

노을이 산맥을 둘러칠 무렵
빗소리, 개울물 소리
바람 소리도 드높다

개울가에 가을 바람이 불어오면
아스라한 안개가 눈을 가리고
한밤 모든 생명이 잠들어
고요한 정막이 깊어지는
숲 그림자로 채색되는 물안개 자욱한 계곡
단풍 물드는 소리만 겹겹이 물결을 친다

그러다 가을이 저만큼 건너가면
동짓달 하얀눈이 가득 쌓인 산

여전히 우뚝 선 푸른 소나무만
꿋꿋하게 봄을 기다린다

갈라진 임진강변에서·3

—그리팅 맨

왜
산정
끝에서
부끄럽게
벌거숭이로
인사를 하나요

꼭
분단
이겨내
남북한이
솔직한 대화를
가지라고 호소한다

어머니의 맷돌

어머니가 요양병원으로 가신 후
어머니처럼 앉아 있는
맷돌 하나
즐겨 다니시던 수인 곡물시장에서
팥을 사서 보숭이를 만들었지

이제는 기력도 의욕도 다 잃어버렸다
어머니 손맛을 만들던 맷돌
위아래 짝도 안 맞아
낡은 손잡이마저 사라졌다

어머니와 마주앉아 돌리던 맷돌
어머니의 고향 노래가
저절로 흘러나오는
어머니 손그림자로 남은
그리움의 돌

어머니의 족보

어머니의 어머니를 모릅니다
어머니의 아버지도 모릅니다
이름 없는 외할머니 손에서
고아처럼 살아오신 어머니
어려서부터 열여덟 꽃다운 나이까지
농삿일에서 벗어나지 못했다지요

친척 어른 말 한마디로
옆 마을로 어머니는 시집 왔습니다
시집올 때 받은
제일 큰 선물은 신앙
무지와 가난 속에서도
희망은 오직 자식 사랑
한국전란 이후
인천 송현동 달동네로 피난 온 후
믿음으로 다섯 자녀들을 학교에 보냈다지요

집 앞 진입로에 핀 화려한 철쭉꽃이 너무 예뻐

한 움큼 따서 옷소매에 감추어 오던 어머니
어머니는 정말 봄꽃을 좋아했지요

고향 도민회에 가서
낯모른 어머니의 고향 사람을 만났습니다
처음 보는 어머니의 고향 사람들이
그렇게 반가울 수 없었지요

파주 통일동산에 잠들어 계신 아버지 묘소에서
북녘 멀리 보이는 어머니의 고향 남형제산면
어머니의 부모님 이름은
두 분 다 호적에 '미상未詳'이라 써져 있습니다

파도·1

멀리 산머리 바윗돌
갈매기 한 마리
바다 끝을 바라보며 있다
파도는 천천히 다가와
바윗돌이 반가운지
에워싸고 부서진다
바다의 문을 열고 밖을 나선다
가기가 싫은가 보다
선뜻 나서지 못하고
몇 발자국 갔다가 되돌아온다
돌아가기가 싫어서인가
못내 아쉬운 종종걸음이다
정붙이가 있나
그냥 가기가 맘에 걸리나
한참만에 되돌아와선
조그마한 바윗돌을 와락 다시 껴안는다
바윗돌 꼭대기에서 갈매기가 보고 있다

바윗돌 한가운데에
철모르는 칡넝쿨 새순이 자라나는지

파도·2

어둠 속에서도 운다
손톱이 부딪쳐 멍들었는지
바위에 엎어져 운다
자정 너머까지
그렇게 부둣가에서 서성이며
흰눈을 흘기며 울부짖는다
어떤 이유로 우는지 물어봐도
그저 울기만 한다
남에게 말을 못할 슬픔을
바다에 남겨두고 왔는지

거미의 예능

집짓기 공사가 시작되었다
기초 작업은 기둥줄이다
안락한 생활을 위해 짓지 않는다
벌레들이 다니기 좋은 곳에
화려하게도 짓지 않는다

정교하게만 짓는다
비바람에 무너지지 않게
빗물에 젖지도 않도록
먹이를 힘들여 직접 잡지 않는다
기다림에만 익숙하다

때때로 붉고 예쁜 단풍잎도 모은다
거미집은 이제 줄의 예술적 패션
모든 건축 재료는
외부에서 가져오지 않고
자기가 직접 만든 재료만 쓰는
그는 천부적 건축가

도라산 봉수대

도라산 열차 역사驛舍를 지나
나지막한 도라산 정상
도라산 봉수대 앞에 섰다
돔 모양으로 다소곳하게 앉아
긴급한 소식만을 전한다는 봉수대

1,800년 이후 봉화烽火는
피어오르지 않고
영원한 평화를 갈구하는지 6·25 이후
70년간 민족분단의 아픔만 지켜본다

도라산 넓디넓은 하늘 위
흰구름은 남북의 어디쯤일지 모르게
세상을 감싸고
겹겹한 산줄기와 강물도 서로 이어져 있다

평화스런 마을 군데군데 보이고
개성공단의 모습도 저기 내려다보인다

분단의 끝이며, 통일의 시작이라던 말도 사라져
도라산에는 정적과 긴장이 흐른다

저 멀리에는 연꽃 가득한 연밭과
새들 서너 마리 여유롭게 거닐고 있는데
그 옆 원두막은 비어
평화롭게 서 있다

임진강 주상절리柱狀節理를 지나며

북녘땅에서 출발해
휴전선을 넘어 남쪽으로 내려와
한탄강과 감격의 해후를 한다는 강江
동의교에 연결된 케이블도
남과 북이 두 팔을 뻗어 악수를 하는 그곳에
억년의 이야기 벽화가 있다
대역사가 새겨진 병풍, 현무암 주상절리
단풍이 곱게 물들여진 임진적벽에
가지런히 서 있는 기둥들
세월의 풍화가 만들어낸 암석 덩어리
돌기둥 사이에 물고기 비늘인 양
절리를 만들었다
거미줄 같은 섬세한 현 밑으로
유유히 흐르는 강물을 따라
맵시 있는 수억 년 자갈들이 늘어서고
벽화의 신비한 동굴 속에
수억 년의 사연이 적혀 있다
그 병풍에 그려진 역사 소설을

누가 이야기해 줄 수 있을까
벽화에 붙은 푸른 이끼만
그 신비를 감추고 웃고 있다

고향집 가는 길

고향집에 가려면 개울가를 건너야 합니다
징검다리를 요리조리 건너서
무섭게 생긴 장승 앞에
꾸벅 인사를 하고 갑니다

동네 입구에 들어서면
언젠가부터 상처가 보이는
잘생긴 느티나무 할아범 곁을 지나
높다란 돌담길을 따라가면

쿵더덕 쿵더덕 방앗소리
방앗간 떡쌀 삶는 냄새
연기가 모락모락 올라오는 굴뚝
가을걷이를 끝낸 한가로운 텃밭

기와지붕 밑에서는 화살나무가 담장을 지키고
근엄한 소나무로 가려진 기와지붕
윗집 마당 층층이 놓인 장독대가

윤기를 반짝입니다

저기 먼 산 밑에 우리집이 보입니다
싸리나무대문이
반쯤 열려 있습니다
우리가 올 줄 알고 말입니다

|해설|

시 속의 '길' 을 보다

—김순찬의 시세계

박 일 | 시인

김순찬 시인의 시는 여정 속에서 시가 발현이 된다. 사물과 풍경을 되돌아보는 순간을 포착하여 서술한다. 자신이 직접 돌아다니며 보고 쓴 시이기에 주관적인 관념으로 흐를 듯하지만, 객관적 응시로 시의 핵심을 잘 포착하고 있다. 그의 시는 기교가 넘쳐나지는 않지만, 순수함 그대로의 시심詩心을 보여준다.

1. 기다림과 한에 대하여

화자가 생각하는 기다림의 대상은 사람이다. 그러나 중심되는 시어詩語는 '연꽃, 빨간 해바라기, 꽃무릇, 맥문동, 칡'

으로 나타난다. 이러한 식물적 이미저리로 인해 대상물은 '온화함과 화해, 긍정'의 이미지로 통합이 된다. 화자가 지향하는 대상은 시인이 부여한 의미를 지닌 식물체를 중심으로 자아가 이루지 못한 한恨의 정서 속에 있다.

연약한 꽃잎이 한없이 기다리다가
어느덧 시들어 찾을 길 없이 사라지고
찬바람이 깊어지는 초겨울 입구에
뒤늦게 나타나는 푸른 잎
전혀 다른 존재처럼 무심하게 된 사람

외로운 꽃들이 모여 있는
소래 꽃무릇 조성 길에서
그 사람을 만났다

—「꽃무릇이 된 사람」 부분

부처와 같은 마음에 씨앗을 심어
올망졸망 자식을 길러내곤
검은 노파의 얼굴로 남겨지는 기다림

—「연꽃의 기다림」 부분

무슨 한恨을 이루고 싶은지
가슴 아련한 진보랏빛 고개를
하늘을 향해서 세운다

—「그늘에 핀 맥문동 꽃」 부분

위의 시들을 보면 화자는 '연약한 꽃잎이 한없이 기다리다가/어느덧 시들어 찾을 길 없이 사라지고/찬바람이 깊어지는 초겨울 입구에/뒤늦게 나타나는 푸른 잎/전혀 다른 존재처럼 무심하게 된 사람'을 '소래 꽃무릇 조성 길에서/그 사람을 만났다'고 고백한다. 그 사람은 '부처와 같은 마음에 씨앗을 심어/올망졸망 자식을 길러내곤/검은 노파의 얼굴로 남겨지는 기다림'을 지니며 '무슨 한恨을 이루고 싶은지/가슴 아련한 진보랏빛 고개를/하늘을 향해서 세운다'는 '기다림의 한恨' 속에 서 있다. 이들 시는 제1시집 『칡넝쿨의 숙명』에서 보여준 '칡'의 생명력을 토대로 다시금 한恨과 연계된다.

화자는 '세상 마지막 날이 올 줄을 알고/마지막 보고픈 사람을/행여나 기다리는지/걸터앉아 흔들리며 바라본다'(「칡넝쿨의 기다림·1」)는 시선을 지니고 '세찬 바람이 불면/추락할 걸 생각 못하나/기다리는 옛사람을/이제는 잊을 때가 되었는데/왜 잊지 못하는 걸까'(「칡넝쿨의 기다림·2」)라며 자신의 삶을 독백한다. 그리고 대상인 '기다림 속의 그 사람'에 대해 자신은 다음 시와 같이 '빨간 해바라기'와 같은 삶에 있음을 인식시킨다.

화려한 색깔의 우아한 자태가

이제는 온데간데없다
검게 탄 얼굴
모가지가 부러져
하늘과 태양을 바라보지도 못하고
검게 변한 꽃테두리와 가지도
허리가 굽어 비틀어져 있다
그러나 해바라기는
하늘을 향한 비상飛上의 꿈을
단단한 씨앗으로 남긴다

—「빨간 해바라기의 꿈·3」

「빨간 해바라기의 꿈·3」에서 화자인 '빨간 해바라기'는 '빛나는 얼굴을 감추어 버리고/애타게 그리다 얼굴마저/까맣게 타버렸습니다'라는 고백과 함께 '이루지 못한 한으로 새겨진/검붉은 얼굴과 몸통/어쩔 수 없이 세월의 파도에/결국 땅에 거꾸러져 버리고 마는 모습'을 보인다. 하지만 추한 모습이 된 해바라기는 강한 생명력의 '미적 보편성 Gemeingültigkeit'을 지니게 되어 '단단한 씨앗'이 되어 다시 '빨간 해바라기의 꿈'을 지니게 된다.

그러나 이런 기다림도 종내는 길 속의 무無로 남겨진다. '이제는 고개를 돌려/마니산으로 오르는 길목/고승이 머물렀던 삼백 살의 느티나무 숲/아직도 길손을 맞으며/잠시 걸음을 멈추고/가득한 세상 먼지를 털어내고 있다'는 「강화

도를 가면」에 이르면 아직 그 '꿈'을 이루기에는 멀어 보인다. 아직은 '한限이 있는 속세'를 완벽하게 떠나고 있지 못하고 있음에서다. '칡넝쿨과 해바라기' 속의 화자는 아직 '기다림 속의 그 사람'에 대한 정의가 '세상 먼지'에 싸여 있다고 여기기 때문이다.

사랑할 줄도 모르고
모두가 그저 좋았던 학창 시절
좋아한다는 말도
엉뚱한 프러포즈라며
소스라치게 놀랐던
철모르던 그때를 잊지 못한다

이야깃거리가 될 게 없었지만
아무 말도 없이
옥수수를 넘겨주며 같이 걸으며
꽃과 계곡과 낙엽을 사랑했던
그때의 추억들
지금도 잊지 못한다

세차게 내리는 빗줄기와 비린내 나는 바다와
떠들썩한 장터에 가서
우연히 트라우마를 가지게 된 사람
그때의 내 기분을

아직도 잊지 못한다

—「꿈꾸며 사랑하는 사람에게」

사랑을 알기에는 너무도 철이 없었지요
너무도 오랜 시간이 필요했지요
그저 순종적이고 말이 없어
가슴이 넓은 사람으로만 알았는데
내면의 언어를 읽을 생각을 못했지요

살면서 깊어지는 그녀의 가슴앓이를
너무 늦게 알았지요
그러나 그것을 알게 하신 것이
주님의 은혜라는 걸
깊고도 오묘한 사랑이라는 걸
이 나이에 알게 되었습니다

말을 하지 않는 것이 미덕이 아니라
못했던 것이 한이었습니다
부족함과 서투름과 바라는 것에
내 가슴속을 열어야 한다는 것을
알게 해주신 것이
바로 주님의 말씀이었습니다

—「가슴속 깊은 언어」

칡넝쿨과 빨간 해바라기에서 인식된 생명력은 현재의 화

자를 만들고, 그 대상인 '기다림 속의 사람'은 지금 '내 옆에 있는 사람'으로 귀결이 된다. '세차게 내리는 빗줄기와 비린내 나는 바다와/떠들썩한 장터에 가서/우연히 트라우마를 가지게 된 사람'(「꿈꾸며 사랑하는 사람에게」)이기에 미안함과 후회는 그래서 한恨의 본질이 되고, '부족함과 서투름과 바라는 것에/내 가슴속을 열어야 한다는 것을/알게 해주신 것이/바로 주님의 말씀'(「가슴속 깊은 언어」)임을 깨달아서이다.

2. 길 위의 '풍경'을 보며

시인의 눈은 여행을 통한 풍경에 특화되어 있다. 시인은 그 풍경을 외부 세계와 내부 세계를 잇는 주변 사물의 시각을 통해 드러낸다. 자신을 둘러싼 감정의 표출을 직접 드러내지 않는 객관적 자세를 견지하면서 보여준다.

튤립도 의젓하게
빨간 우체통 앞에서 상춘객을 맞는다
호수 둘레길을 메운
사람들 틈에 봄바람이 서 있다

태을봉과 슬기봉 절벽은
구름 속에 서서
호수에 빠진 붉은 해를 바라만본다

—「반월호수 풍경」 부분

커다란 소나무 밑 바위벽엔
이끼 벽화가 전시된다
고사리도 떼를 지어 풍경화를 만든다

—「청계산 누리길 풍경」 부분

일부 중년 주부들이 간식을 즐긴다
가족들이 바위에 앉아 식사 모임이 한창이다
벚꽃이 하늘을 화려하게 장식하고
구름은 마을 길을 따라 수묵화를 그린다

관악산으로 둘러싸인 과천 호숫가는
새와 동물과 사람과 봄꽃의 낙원이다
벚꽃 가지와 어울려
물가에 하얀새 한 마리 두리번거리는 길이다

—「과천호수 둘레길」 부분

수억 년 만들어진 돌을 쓰다듬으며
한탄강의 품으로 간다
암석의 계곡을 이은 아찔한 출렁다리
온 세상이 흔들려도
폭포 물줄기는 꼿꼿하기만 하다

—「연천 재인폭포」 부분

시인은 서술을 통해 '대상과의 친밀성intimacy'을 보여주고, 그 느낌을 '객관적 인상objective impression'으로 처리하여

'독자와의 심리적 거리psychical distance'를 가깝게 만든다. '호수 둘레길을 메운/사람들 틈에 봄바람이 서 있다'거나 '태을봉과 슬기봉 절벽은/구름 속에 서서/호수에 빠진 붉은 해를 바라만본다'는 「반월호수 풍경」. 그리고 「과천호수 둘레길」에서의 '벚꽃이 하늘을 화려하게 장식하고/구름은 마을 길을 따라 수묵화를 그린다'라든가 「연천 재인폭포」에서 '온 세상이 흔들려도/폭포 물줄기는 꼿꼿하기만 하다'를 보면 시를 읽는 이도 이미 공감의 중심에 서 있게 된다. 그뿐인가 시인의 시 속에서 '다리'는 '소통의 중심'에 자리잡고 있음을 또 보게 된다.

다리 힘을 보강해 주는
거미줄 같은 보조선과 철선이 모여
호수를 건너는 지겟다리가 되어
소나무와 함께 물 위를 걷는다

—「탑정호 출렁다리」 부분

배곧 마을과 논현 마을 사이
갯골 바닷길에 떠있는 다리
고층아파트 숲으로 난
해변가를 수놓은 노오란 금계국
해안길을 따라 마을을
노오란 황금으로 도색하고
다리는 바다 건너

마을과 마을을 잇는다
해가 넘어가는 길이 있는 다리

—「해넘이 다리」

시인은 시의 발상인 상상력의 구현을 위하여 '새로움'을 찾아 여행을 한다. 그 중심에는 구조물인 '다리'가 있다. 다리는 끊어짐의 이음이다. 없던 것이 새로 생겨남으로 인하여 무와 유의 교차가 일어나면서 존재하는 현실태가 된다. 없던 곳에 생긴 다리는 '무無를 이어주는 유有'의 의미를 파생시켜 시인의 마음에 시심詩心을 구조화한다. 「탑정호 출렁다리」처럼 '호수를 건너는 지겟다리가 되어' 화자가 '소나무와 함께 물 위를 걷는다'는 상상 속에 존재하며, '다리는 바다 건너/마을과 마을을 잇는다/해가 넘어가는 길이 있는 다리'라는 「해넘이 다리」의 존재 가치를 내재화하면서

갈매기 날개를 닮았다
아치의 곡선
탁 트인 태안 바다와 안흥항을
한눈에 담아
바다 위를 걷는다
구불구불 곡선
동그라미 투성이
어지럽다
아찔하다

거미줄 같은 줄로 매어놓은
섬세한 아름다움

—「신진도 나래교」

이러한 '다리'에 대해서도 화자는 '무생물도 생물과 같은 존재'임을 인지하며 '인식의 장'을 넓힌다. '거미줄 같은 줄로 매어놓은/섬세한 아름다움'은 쇠줄을 거미줄로 인식하는 마음으로 확장되어 가능태actuality로 존재한다. 앞의 시처럼 해가 사람처럼 다리를 넘어가는 현실태potentiality가 되어 시인의 상상력 속에 자리하는 '다리'가 된다. 그러면서 화자는 대상인 풍경과 사물에 대해 동류 의식을 느낀다. 「삼악산 케이블카」에서 보듯 '둥실 떠다니는 케이블카가/하늘을 노닌다/사람들의 세상을 내려다보며/하늘 가까이 서려는 마음을 헤아리며/대자연 위에 서서/하늘을 걸어다닌다'가 되어, 곧 '자연 속의 사물이 내가 존재하기에 보이는 것'이 되어, 그 의미 속에서 '시의 길'이 시작됨을 시인이 보기 때문이다.

무성한 갈대들의 숲
넓은 바닥마다
염부鹽夫의 땀이 얼룩져
소금꽃으로 피어나고 있다
창백한 하늘에 기러기 떼
겨울 이사 집을 둘러보는데

멀리서 괴물 같은 아파트 무리가
서서히 습지 뻘밭으로
점점 가까이 다가온다
더 이상 피할 곳 없다
이젠 갈대 잎들만 파르르 떨며
어둠 속에서 바람을
걱정스레 지켜보고 있다

—「소래 염전 풍경·2」

결국 시인은 위의 시처럼 '더 이상 피할 곳 없다/이젠 갈대 잎들만 파르르 떨며/어둠 속에서 바람을/걱정스레 지켜보고 있다'는 인식 속에서 풍경을 본다. 그러기에 길 속에서도 시의 자취를 느낀다. 「종로 부암동 백사실 계곡 가는 길」에서처럼 '아직도 비밀의 정원으로 남은/가을 낙엽만 기다리는 길'을 간다. 그 길 속에 시인의 길이 있기 때문이다. '강물 위에서는 파르르 떠는 잎새가/가을을 보내고 있다'는 「강촌 여행·2」와 '바람이 불면 쓰러질 듯한 돌탑들/부엉이 세 마리도 돌이 되어/산성山城을 지키고 있다'는 「남한산성 탑공원」을 지나 '심화된 자아'를 찾으러 길을 떠난다.

3. '무無'로 가는 길

길은 바뀜의 변화 속에서 유有가 되어 나타나지만, 늘 길은 '무無'로 가는 과정이다. 그러기에 시인은 가치에 대한 의미 부여를 통해 무연無緣 속에서 시와의 인연因緣을 이끌어 낸다. 시인은 '쓰레기장으로도 보이는/비어 있는 공간이 정말 필요한 곳/여기에 나를 버린다'(「여주 풍운원에서」)며 '프랑스 신부 사제가 가마에서/손수 구운 벽돌로/차곡차곡 신앙을 쌓았더란다'는 「풍수원 가마터」에서 '벽돌'에서 신앙의 실체를 보고 '맑은 하늘이 더 에메랄드 보석같이/맑은 계곡 속을 밝히고 있다'는 「포천 교동 가마소」에서 '맑은 희망'을 본다. 그렇다고 시인이 '현실 인식'을 망각한 것은 아니다. 「매미의 외침」을 인용하자면 '아직도 시끄러운 매미의 고함소리/관중 없는 산중에서/마지막 여름 시위는 계속되고 있다/무엇이 불만인가/어떤 것이 억울하고 불공정한가/아직도 진부한 인권과 부정을/과거의 잘못된 정치 독선을/아직도 탓하고 있나'를 생각해 보는 소용돌이의 시대에 서 있음을 안다. 하지만 더 이상 참여하지 않는 경계인境界人의 삶을 택한다. 시적 자아는 조용히 과거와 현재를 되돌아보며 기도와 성찰로 '자신만의 길'을 찾는다.

노년의 시인은 가난하다
재산도 명예도 모두 지난 이야기다
오로지 남은 것은
부끄럽고 못난 추억과 한恨뿐이다

뒤늦게 시작한 시와 영상 작업
이것도 하나님으로 받은 은혜

감격과 경건과 소망의 시어를 쓰자
생명을 살리고 용기를 일으키는
시를 쓰고 영상을 만들자

그분을 향한 영광의 통로를
내게 받은 것으로 되돌려 드리자

—「가난한 늙은 시인의 기도」

위의 시에서처럼 '가난'과 '부끄럽고 못난 추억과 한恨', 시를 쓰며 영상 작업에 몰두하는 현재의 근황과, '그분을 향한 영광의 통로를/내게 받은 것으로 되돌려 드리자'는 희망을 말하면서. 그러면서도 마음 한구석의 '자꾸만 이렇게/주님께 바라며 중얼거리는/현재의 내 모습/정체가 무엇일까'(「작은 소망으로」)라는 의구심도 지닌다. 하지만 '주님께서 내게 허락하신 농토는/이모작 삼모작, 또 몇 모작일지/얼마나 남았을지 모르지만/감사 충만으로 추수한다'(「농부의 감사 기도」)는 생각으로 '자아의 한'도 다스려 간다. 이는 결국 '바뀜의 변화에 대한 의미 부여'가 시적 자아가 걷는 길 위에 '무無'로 남게 됨을 깨닫게 되었기 때문이기도 하다.

4. 고향으로 가는 길

시인은 마침내 임진강에 이르러 통일과 어머니, 고향을

떠올린다. 시인의 잠재 의식 속에 내재한 귀소본능歸巢本能의 통과 의례를 생각한다. '어머니와 마주앉아 돌리던 맷돌/어머니의 고향 노래가/저절로 흘러나오는/어머니 손그림자로 남은/그리움의 돌'(「어머니의 맷돌」)을 보며 '파주 통일동산에 잠들어 계신 아버지 묘소에서/북녘 멀리 보이는 어머니의 고향 남형제산면/어머니의 부모님 이름은/두 분 다 호적에 '미상未詳'이라 써져 있습니다'(「어머니의 족보」)라는 실향민의 한限을 드러내며.

> 정든 고향이 멀리 바라보이는 움막집
> 망월례에서 매일 절을 했다
> 후손들도 그 모습을 본받아
> 바위 제단 사일암에서 제사를 올린다
>
> —「모락산」 부분

> 발 아래 강줄기 나뉘었어도
> 하늘은 경계가 없이 하나다
> 서부 휴전선 아래 평화누리길 시발점에서
> 미래를 향해 걷는다
>
> —「갈라진 임진강변에서·1」 부분

> 그러다 가을이 저만큼 건너가면
> 동짓달 하얀눈이 가득 쌓인 산
> 여전히 우뚝선 푸른 소나무만

꿋꿋하게 봄을 기다린다

—「갈라진 임진강변에서·2」 부분

꼭
분단
이겨내
남북한이
솔직한 대화를
가지라고 호소한다

—「갈라진 임진강변에서·3」 부분

「모락산」에서처럼 종교와 무관한 장면을 응시하며, 「갈라진 임진강변에서」 시편들의 화자처럼 '평화누리길 시발점에서/미래를 향해' 걸으며, '꿋꿋하게 봄을' 기다리며 '분단/이겨내/남북한이/솔직한 대화를/가지라고 호소'하며 긍정적인 화합을 생각하며 상상 속의 고향집을 향해 '자신의 길'을 재촉한다.

고향집에 가려면 개울가를 건너야 합니다
징검다리를 요리조리 건너서
무섭게 생긴 장승 앞에
꾸벅 인사를 하고 갑니다

동네 입구에 들어서면

언젠가부터 상처가 보이는
잘생긴 느티나무 할아범 곁을 지나
높다란 돌담길을 따라가면

쿵더덕 쿵더덕 방앗소리
방앗간 떡쌀 삶는 냄새
연기가 모락모락 올라오는 굴뚝
가을걷이를 끝낸 한가로운 텃밭

기와 지붕 밑에서는 화살나무가 담장을 지키고
근엄한 소나무로 가려진 기와지붕
윗집 마당 층층이 놓인 장독대가
윤기를 반짝입니다

저기 먼 산 밑에 우리집이 보입니다
싸리나무 대문이
반쯤 열려 있습니다
우리가 올 줄 알고 말입니다

—「고향집 가는 길」

'먼 산 밑' 시인의 고향집 '싸리나무 대문'을 들여다보면, 대청마루에서 가족들의 왁자한 웃음소리가 들리는 듯하다. 지금 시적 화자는 이 '길' 위에 서 있다.